# Madurez Emocional

**Despertar del Engaño, Volume 2**

Christian Peña

Published by Christian Peña, 2024.

While every precaution has been taken in the preparation of this book, the publisher assumes no responsibility for errors or omissions, or for damages resulting from the use of the information contained herein.

MADUREZ EMOCIONAL

**First edition. February 5, 2024.**



ISBN: 979-8224287567

Written by Christian Peña.

# Tabla de Contenido

# MADUREZ EMOCIONAL

Christian Peña

## Introducción

¿Que ocurriría si todos llegáramos a nuestra máxima capacidad de Madurez Emocional? ¿Se puede llegar a algo tal como nuestra máxima capacidad? ¿Tenemos un límite como nuestra máxima capacidad?

Madurez Emocional es un libro que trata sobre nuestras capacidades emocionales que llevamos dentro, y que se las puede explotar como un rayo laser si se llega al nivel de enfoque adecuado para ti.

Este libro fue hecho con el propósito de dar a conocer a las personas, lo lejos que uno puede llegar para bien o para mal con el uso que le demos a nuestras emociones, ellas son el impulso que nos hacen tomar decisiones y entrar a la acción para obtener resultados, ¿De qué tipo? Eso ya depende como gestiones tus emociones.

Dentro de su contenido veras que algunas enseñanzas se repiten, y quizá creas que es un error pero fueron hechas adrede para un cumplir un principio universal "la repetición es la madre del aprendizaje". Se ira tomando los puntos de manera directa con un poco de ejemplos para poder dar a entender el mensaje de manera clara para el lector, también habrá historias personales del propio autor que compartiré contigo, y entiendas el contexto sobre el cual los conceptos se van desarrollando.

Momentos clave en nuestra vida como cuando sentimos la ira de manera intensa, puede hacer que cometamos un error al actuar de forma que después termines arrepentido, o que ya no haya vuelta atrás luego del suceso hace que nuestra vida resulte mas perjudicada de lo que un podría pensar.

Aprenderás como es una personas que tiene integrada y bien desarrollada la Madurez Emocional y que estos conceptos cuando los vuelvas a leer entren con mayor profundidad en ti, integrar las enseñanzas y así adelantarte a los problemas, lo que estas haciendo es preparándote aún más para la vida, y ahorrándote mucho tiempo de experiencias y dolores de cabeza.

Sin mas que decir te deseo que en este viaje puedas cambiar tu vida, ser más feliz de lo que has llegado a ser, mantenerte realizado y seguir adelante con aquellas cosas que tu realmente consideras importante para tu vida.

# Capítulo 1
# ¿Qué es la madurez Emocional y porqué importa?

Mayormente cuando se habla de madurez, muchos pueden entenderlo como algo o alguien que ha llegado a un punto en el que se puede aprovechar todas sus virtudes al máximo sin importar de que se esté hablando ya sea frutas, proyectos o personas.

Cuando se habla de emociones y todo lo que tenga que ver con ello, se le puede entender como lo que todas las personas comparten o tienen; todas las personas tienen emociones.

Entonces cuando se cuestiona que es la madurez, es para describir cuando el estado de una persona ha alcanzado un nivel de desarrollo emocional, psicológico y social que le permite enfrentar y manejar de manera adecuada y efectiva las situaciones y desafíos de la vida.

La madurez implica una capacidad para tomar decisiones responsables, un control emocional adecuado, una capacidad para establecer relaciones saludables y satisfactorias, una comprensión de las consecuencias de las acciones propias y de los demás, y una capacidad para aceptar y aprender de las críticas constructivas.

También implica una cierta estabilidad en la personalidad y una capacidad para adaptarse a situaciones cambiantes y difíciles. Es un proceso que se desarrolla a lo largo del tiempo y que está influenciado por la educación, las experiencias de vida y el entorno social.

Como ya habrás notado, la madurez es un estado en el cual las personas pueden desarrollar, entonces la madurez se logra a través de un proceso continuo de crecimiento y desarrollo personal que se produce a lo largo de la vida.

No existe una fórmula mágica o un momento específico en el que se alcanza la madurez, ya que es un concepto que se define de manera diferente para cada persona y depende de muchos factores, como la edad, las experiencias vividas, la educación, la cultura, entre otros.

Sin embargo, algunas características que se suelen asociar con la madurez son la capacidad de tomar decisiones reflexivas y conscientes, la habilidad de aceptar las consecuencias de nuestras acciones, la capacidad de establecer relaciones interpersonales sanas y satisfactorias, y la habilidad de manejar las emociones de manera efectiva.

Así, la madurez se logra a través del desarrollo de habilidades y actitudes que nos permiten enfrentar los desafíos de la vida de manera efectiva y adaptativa. Esto implica trabajar en nuestro autoconocimiento, la autodisciplina, la empatía, la resiliencia, la paciencia, la tolerancia, y muchas otras habilidades que nos permiten ser más conscientes, responsables y efectivos en nuestras acciones y relaciones.

Como cuando alguien enfrenta una situación difícil o desafiante de manera calmada, controlada, reflexiva y responsable, lugar de reaccionar impulsivamente o de manera emocional.

Por ejemplo: si alguien pierde su trabajo, una persona madura podría tomarse un tiempo para reflexionar sobre las razones de la pérdida del trabajo, considerar sus opciones y tomar decisiones estratégicas para encontrar un nuevo trabajo.

En lugar de culpar a otros o enojarse por la situación, una persona madura podría enfocarse en las soluciones y trabajar diligentemente para lograr sus objetivos.

Otro ejemplo de madurez podría ser cuando alguien reconoce y acepta sus propios errores y asume la responsabilidad de sus acciones. En lugar de culpar a otros o negar sus errores, una persona madura admite sus equivocaciones, toma medidas para rectificarlas y aprende de la experiencia para evitar cometer los mismos errores en el futuro.

Este nivel de madurez, se refleja en la capacidad de tomar decisiones conscientes y responsables, de manejar las emociones de manera efectiva y de aprender de las experiencias para seguir creciendo y desarrollándose como persona.

Hay muchas formas de madurez, como por ejemplo cuando estamos trabajando en un puesto de trabajo, y solo vas a alcanzar la madurez de ella cuando hayas desarrollado todas las habilidades, actitudes y aptitudes para desempeñar tu trabajo de la manera más satisfactoria posible, ahí has llegado a la madurez de tu trabajo, con lo que eres ascendido a un puesto mejor ya que has demostrado madurez con tus habilidades en tus responsabilidades laborales.

La madurez emocional es llegar al punto máximo del manejo de consciencia de nuestras emociones, con lo que nos permite seguir al próximo nivel, porque has demostrado tu maestría en el nivel actual en el que estas.

Es una victoria personal que nadie puede quitártelo, por eso es tan valioso.

La madurez emocional logramos obtenerla en un momento determinado de la vida y no es la misma para todas las personas, algunas pueden obtenerla a los treinta años, otros pueden conseguirla mas antes o más tarde, pero es por la suma de experiencias y conflictos afrontados satisfactoriamente.

Con lo cual hay personas que por algún motivo lo obtienen desde la niñez, solo falta su desarrollo físico he intelectual, pero con el paso del tiempo las desarrollan otras lo hacen a sus dieciocho años y otras cuando son adultas.

Antes de la madurez emocional está la inmadurez emocional, cuando no llegamos a una maduración completa de las emociones, cuando sentimos de una manera madura nuestra situación pensamos de forma distinta, con lo cual terminamos siendo personas distintas.

Como te habrás dado de cuenta el verdadero cambio está en nosotros mismo, y cuando cambiamos eso las personas nos tratan de forma distinta, porque somos personas distintas.

Es un cambio en la forma de ser de la persona, en su forma de pensar y en su forma de sentir, la que hace que cambien sus experiencias, pero eso se llega cuando estas a un cierto nivel de Madurez Emocional, que lo habrás adquirido con el tiempo, con la ayuda de las personas correctas y tú vas a ser diferente en tu forma de ser.

Al ser Maduros Emocionalmente somos más agradecidos con las cosas que tenemos, con las personas con las que podemos compartir momentos inolvidables, con las nuevas personas que conozcas, reconocerás el valor de la vida junto con cada persona que se relaciona contigo, sabrás que todos merecemos respeto sin importar de quien se trate, una cierta fuerza de compasión nacerá dentro de ti por las demás personas que conoces y te rodean.

Aprecias aún más la vida, y te tomas un tiempo para reflexionar sobre lo que realmente quieres de la vida, puede ser incluso que todas las cosas que alguna vez soñaste se terminen haciendo realidad, lo que creías que era muy difícil que te ocurriera te terminan ocurriendo, y te das cuenta que no había sido tan inalcanzable como tu creías, pero eso solo es llegar a un nuevo nivel más grande en tu vida.

Habrás expandido tu mente, habrás conseguido una nueva perspectiva, estarás marcado por dentro y serás una nueva persona por dentro aunque por fuera no se vea, si se puede sentir el cambio y los demás lo pueden sentir también.

Las formas en las que alguien se vuelve Maduro Emocionalmente pueden ser variadas dependiendo de la persona, sus circunstancias, su edad y dependiendo de quién sea en específico.

Todos debemos llegar a la madurez emocional para ser seres más agradecidos, enfocados en las cosas que realmente importan en nuestra vida, valoramos más nuestro tiempo, y disfrutamos mucho más con las personas que están a nuestro alrededor.

## Capítulo 2
### Conociéndote a ti mismo: La base de la madurez emocional

La personalidad de las personas, se basan en sus pensamientos, en sus sentimientos, y el tiempo con el cual se moldean ambos factores.

Conocer tu propia personalidad, ser consciente de ello, y poder desapegarte del mismo, es una clase de inteligencia elevada, una autoconsciencia.

Muchos de los problemas de las personas ocurren cuando no entienden cómo funcionan las cosas, y tampoco el poder de su personalidad, ni de donde proviene esta o por qué lo hace en primer lugar.

Así, cuando un individuo no se conoce, debido a su baja capacidad de ser autoconsciente, podría estar en situaciones conflictivas con las personas que más quiere a su alrededor, y no ser capaz de tomar responsabilidad de su parte en la situación, entonces, es incapaz de ver las soluciones o caminos saludables para confrontar dichas situaciones, y tampoco entender como un problema afecta al otro.

Con lo cual, para llegar al desarrollo ideal de la persona, debe ser capaz de entenderse, aceptar que tiene ciertas conductas que no lo llevan hacia el camino de la madurez emocional, que, gracias a ella las personas pueden convivir de una manera más saludable, y satisfactoria unos con otros.

Con la madurez emocional, con el desarrollo interno de uno mismo, los individuos son capaces de mantener relaciones satisfactorias, disfrutar de ellas, y por supuesto aprender de ellas, ya sea de amistad o también, la relación de hombre y mujer.

Para recalcar, la madurez emocional se refiere a la capacidad de reconocer, comprender, y controlar nuestras emociones.

Conocerse a uno mismo es un paso importante para desarrollar este elevado estado de las emociones, ya que implica la introspección y la autorreflexión.

Para poder llegar a ser emocionalmente maduro, es necesario tener la habilidad de identificar y expresar nuestras emociones en situaciones desafiantes.

El hecho de ser consciente de uno mismo implica reconocer sus propios pensamientos, sentimientos y comportamientos, y de cómo estos interactúan entre sí. Esto nos permite tener una comprensión más profunda de nosotros misma y de nuestras motivaciones, así como nuestras emociones pueden afectar a nuestro bienestar y relaciones con los demás.

Ten en cuenta que el desarrollo personal se la logra a lo largo del tiempo, y ya lo dije más antes, el hecho de ser capaz de conocerse a uno mismo es una parte fundamental del proceso. Al ser conscientes de nuestras propias emociones y cómo estas afectan nuestro comportamiento, podemos tomar decisiones más informadas y saludables para nosotros mismos y nuestras relaciones con los demás.

Un ejemplo de cómo la madurez emocional y el conocimiento de uno mismo pueden ser aplicados en la vida cotidiana es cuando se trata de manejar el estrés. Si una persona es consciente de que ciertos factores o situaciones desencadenan su ansiedad o estrés, puede tomar medidas para reducir el impacto de estos factores en su bienestar emocional.

Por ejemplo: si una persona sabe que su trabajo puede ser muy estresante y que tiende a preocuparse mucho por los plazos y las expectativas de los demás, puede tomar medidas para manejar su estrés, Esto podría incluir la práctica de técnicas de relajación como la meditación o el yoga, o la adopción de hábitos saludables como el ejercicio regular y una dieta equilibrada.

Al conocer sus propias emociones y los desencadenantes que las provocan, esta persona puede tomar decisiones más informadas y conscientes sobre cómo manejar su estrés de manera saludable. En lugar de simplemente reaccionar ante el estrés, pueden tomar medidas proactivas para reducir su impacto en su vida y mejorar su bienestar emocional a largo plazo.

Haz una estudio arqueológico de tu niñez, de las cosas que te gustaban hacer, como te gustaba jugar, que clase de experiencias viviste cuando eras niño, quien te inspiraba y porque, que era lo que más amabas en tu niñez, quien o quienes eran tus héroes de la infancia.

Porque la forma en la que experimentamos la niñez determina en gran parte nuestra forma de ser de adultos, solo que ya es automático, ya no somos conscientes de ello solo actuamos en consecuencia, por previas experiencias marcadas en la niñez.

Si te has preguntado porque eres de cierta manera, revisa tu pasado, recuerda si eras feliz de niño o era triste, piensa si viviste algún trauma de niño y cómo crees que te está afectando en la actualidad, los cambios personales vienen de adentro.

Al haber hecho este ejercicio estarás más consciente de quién eres y porque lo eres, como has llegado a ser así y el resultado final.

Una vez que eres consciente de tus experiencias pasadas puedes tomar decisiones que poco a poco mejoren tu vida personal, en primer lugar aceptando las malas experiencias, como necesarias y así harás fortaleza tus debilidades.

Al poder tener una vista panorámica de tu pasado puedes saber la verdad y tener mayor tranquilidad de tus problemas actuales y poder resolverlos con mayor consciencia y madurez.

**Lleva un diario emocional**

Registrar los sentimientos, los pensamientos que uno tiene en su momento puede, en primer lugar, relajarte y alejarte de la situación para así observarla con mayor objetividad y quizá hasta te decepciones por creer que esa situación que enfrentabas que creías que era grande realmente era algo más pequeño de lo parecía, escribir los problemas personales o situaciones difíciles los empequeñece dándote mayor control del momento.

También registrar los pensamientos que tenemos nos permite identificar patrones de comportamientos que tenemos arraigados y que no notamos, poder ver eso, es el primer paso para cambiar los patrones de comportamientos que nos desagraden, poner luz en la oscuridad hace que la oscuridad desaparezca, entonces registrar nuestros pensamientos y sentimientos para luego leerlos es contarnos verdad que a la larga hace que cambiemos nuestros comportamientos y nos acomodemos más a la persona que queremos ser. La luz desaparece las tinieblas.

**Acude a personas de confianza**

El ejercicio dialéctico con personas en las que nos brinden confianza nos ayuda a llevar una verdadera síntesis de las experiencias o situaciones, con la participación activa de otras personas arroja a la luz aspectos que probablemente no podrías haber considerado.

Contar nuestros problemas a personas de confianza es saludable porque las persona que te escucha tiene la frialdad de darte una solución más objetiva porque sus emociones no se interponen en encontrar dicha solución en comparación la persona que las enfrenta.

Acude a muchas personas ten amigos de confianza con las que puedas compartir tus vivencias y viceversa, un grupo de amigos fortalece a todas las personas implicadas emocionalmente, saber que pertenecemos en un lugar nos da mayor empoderamiento de nosotros mismos, nos ayuda a conocernos mejor desde el punto de vista de otras personas.

Cosas que nunca hubieras notado de ti, los amigos te ayudan a verlo y a cambiarlo si tienes la voluntad de hacerlo.

Pero también debes tomar en cuenta que los entornos de amigos en los que te rodeen te van a afectar de una manera u otra, sabemos que hay entornos de todo tipo hay entornos productivos, trabajadores, divertidos, honestos, multifacéticos, deportistas pero también los hay pesimistas, negativos, depresivos, flojos, oportunistas, mentirosos, traicioneros, infieles, etc, etc.

El consejo es te amigos con los que puedas compartir, que sean parte de un entorno positivo que logren objetivos porque esas personas con las que te juntas te van a influir aunque no te des cuenta así que escoge los entornos adecuados para ti en los que puedas compartir con ellos lo que necesitas y viceversa, y evita los entornos inadecuados para ti.

Y un consejo extra solo si puedes ir más allá del contexto sería: Júntate con personas en los entornos adecuados para ti, y los entornos que son inadecuados para ti úsalos en tu beneficio, saber manejar a ambas partes puede ser muy astuto pero hazlo solo si tienes la capacidad de hacerlo, esto lo puedes hacer sabiendo que es lo que quieres obtener en realidad manejando o administrando los entornos en los que convivas o compartas, cada quien tiene la capacidad de hacerlo pero solo hasta cierto punto así que hazlo de la forma más adecuada para ti si realmente lo crees necesario.

## Capítulo 3
## Identificando tus emociones: Cómo reconocer lo que estas sintiendo

Hay que partir desde la base de que cada individuo vive sus circunstancias materiales de manera distinta unas de otras, y que estas circunstancias materiales afectan al individuo y no al revés.

A lo que me refiero es que una persona que fue criada en cuna de oro tiene casi las posibilidades completamente seguras de que puede tener éxito en la vida, a diferencia de otra persona que nació en los barrios pobres y sus circunstancias materiales son peligrosas, eso es como puede definir por completo a una persona en su futuro, hablando de la gran mayoría de personas, obviamente hay excepciones en las que logran salir adelante a pesar de las circunstancias, pero a lo que voy es nos hacen creer que todo depende al 100% de uno mismo, que por supuesto en efecto, cada quien es responsable de uno mismo, pero lo que quiero decir con esto es que no es lo mismo que nazcas en Venezuela, que en Estados Unidos.

Muy a menudo andamos por la vida como robots siendo inconscientes de lo que ocurre a nuestro alrededor, o dentro de nosotros mismos estamos hipnotizados por el entretenimiento, por ver la siguiente serie de Netflix o el próximo video de YouTube, y actuamos en automático.

Experimentamos muchas vivencias pero no somos capaces de ser conscientes de ellas, por eso digo que andamos como robots en automático, cuando nos sentimos curiosos por algo rápidamente queremos ver de que se trata sin antes esperar o razonar las causas, me explico.

Solo reaccionamos ante las circunstancias sin antes analizarlas o tener una pequeña idea de manejarlo inteligentemente, tan fácil como decir que una acción provoca una reacción, pero tiene que ser más complejo que eso, no podemos ser tan superficiales y dóciles.

Aquella persona que reacciona ante las circunstancias de manera reactiva es esclavo de su entorno, y los demás pueden controlarlo fácilmente o dicho de otro modo, es dócil ante las personas por la forma en la que actúa.

Una persona que vive así es el esclavo moderno del siglo XXI, está a merced de los demás de lo que dicen o lo que hacen, le afecta mucho lo que los demás piensen o digan de él y el simplemente reacciona reactivamente, no es capaz de ser consciente de lo que siente y solo responde en consecuencia sin antes pensar, esto es ser esclavo de los demás.

Esa persona no es libre realmente porque los demás tienen el control de sus emociones, cuando el debería ser el que maneje sus emociones y no al revés, puede decirse que esa persona es sensible ante las personas y circunstancias.

En primer lugar uno debe esforzarse por analizar detenidamente las situaciones que vive con los demás, como cuando alguien quiere agredirte verbalmente, ahí analiza la situación en cuestión, porque la persona que te agrede verbalmente lo que realmente quiere de ti es que reacciones y caigas hasta su nivel para ponerte en claro que ya has perdido el control de ti mismo y las otra persona te tiene bajo su dominio o poder.

Te manejan indirectamente cuando no eres capaz de racionalizar cuando alguien te agrede por ejemplo, o cuando alguien se burla de ti y tu reaccionas de forma exagerada, caíste en la trampa de la persona en cuestión.

Ahora bien, para ser capaz de manejar satisfactoriamente aquellas situaciones debes ser capaz de ser consciente de tus sentimientos, de ira por ejemplo, cuando sientes que te urge responderle o insultarle de vuelta a la otra persona que te agredió verbalmente, es justo en ese momento cuando debes detenerte y olvidar por completo el asunto.

Primero porque cuando sientes que te urge hacer algo como una necesidad de escases lo más seguro es que realmente no es necesario reaccionar inmediatamente es solo una cortina de humo, la realidad es que como dije antes la otra persona quiere bajarte hasta su nivel por alguna razón que no debería interesarte, debes ser fuerte, ignorar por completo a la persona y dejarla ir.

Porque las personas que quieren hacerte reaccionar de mala manera, lo hacen con un propósito maquiavélico que incluso ni siquiera ellos son consciente del porque lo hacen.

Por eso la importancia de dar un paso atrás antes de reaccionar destructivamente, empieza a sentir tus emociones de una manera que te haga racionalizar y pensar si realmente vale la pena enfrentar a la persona, cuando realmente enfrentarte a esa clase de persona no vale realmente la pena, en realidad es una pérdida de tiempo, pero te darás cuenta de ello, cuando logres dominar la práctica de concientizar tus emociones en el momento que alguien te provoca.

Esas personas realmente nunca vale la pena interactuar con ellas porque discutir con esa clase de personas es la mayor pérdida de tiempo y energía que puedas tener.

Y para lograrlo debes ser capaz de darte cuenta de tus emociones destructivas, detenerte y enfocar tu energía en otras cosas.

Espera, antes de tomar una decisión, lo mejor es darse un tiempo unos días y si ves luego de unos días que no vale tomar aquella decisión habrás hecho una acción sabia, de hecho la mejor manera de tomar una decisión a veces es dándole tiempo para ver si realmente necesitas actuar de cierta forma con cierta persona en ciertas circunstancias, y mejor hacerlo en las circunstancias de la tranquilidad.

Casi siempre es mala idea reaccionar en el momento del conflicto, lo mejor es esperar, alejarse ser consciente de lo que sientes y retirarte.

Así puedes reconocer lo que estas sintiendo, y tomar mejores decisiones en tu vida, una vez que lo hagas a menudo te será más sencillo identificar tus emociones y actuar de la manera más cauta.

## Capítulo 4

### Herramientas para regular tus reacciones emocionales

Todos debemos enfrentarnos a la vida contra los retos que se nos presenten día a día.

Para bien o para mal en la época que vivimos es crítico aprender a enfocarnos en las cosas que realmente importan y dejar a un lado lo que no nos sirve, las emociones cumplen una función importante aquí.

Porque cuando nos sentimos estresados muchas cosas pasan por nuestra cabeza y nos distraemos con las emociones que sentimos preguntándonos o sufriendo por el estrés que estamos experimentando en ese momento.

Si estas estresado en tu trabajo y no sabes cómo manejarlo a nadie le va a importar ya que el que corre peligro de ser despedido solo eres tu dependiendo de cómo manejes tu propia situación.

Esta clase de situaciones realmente abundan en el día a día de las personas y es algo realmente común algunos han aprendido a manejarlo mientras que otros no pueden con aquellas situaciones y buscan a otros para que les ayude en el momento, si es que cuentan con alguien, porque si no tienes que te pueda ayudar y no puedas manejar tus emociones, ahí sí pueden ocurrir problemas.

Como dije, las emociones se pueden manejar, se pueden canalizar, a lo que me refiero es que puedes usar tus emociones a favor tuyo, si estas alineado con lo que quieres obtener o conseguir, tus emociones bien manejadas te ayudaran a conseguir cosas que incuso no podrías haberte imaginado desde un principio, pero es así.

El enfado es una emoción muy poderosa he increíble, con ella bien encausada puedes tener un impulso gigantesco con lo que quieres conseguir u obtener.

La primera vez que una persona trata de encausar o re direccionar el enfado hacia tu propósito puede ser muy difícil puede parecer que estás perdiendo algo, puedes sentir incluso un vacío, que por supuesto lo que realmente es, es una cortina de humo.

Pero cuando encausas ese enfado, esa ira, esa rabia en lo que quieres conseguir en lo que quieres demostrar, (siendo esto algo constructivo) te va a generar una sensación de evolución, y no quiero decir que vas a evolucionar como un súper humano, en el sentido caricaturesco de la palabra.

A lo que me refiero es que cuando te enfades y logres canalizar la ira, en lo que quieres ser hacer o tener, vas a llegar a un nivel de madurez en el que puedes verlo dentro de ti mismo, y bueno, no quiero generalizar porque cada persona es distinta, da quien es un caso por estudiar, además mucho depende del porqué de tu enfado.

Puede haber enfados que duran 5 minutos, o 1 hora, puede haber la sensación de enfado que dure días incluso meses, (no sé si haya enfados que duren años, aunque quizá sea el resultado de no tratar con el sentimiento en primer lugar) claro que no van a durar el resto de tu vida aunque la verdad es que lo parecen.

Pero son como vivir las etapas de la vida, pareciera que lo vas a vivir el resto de tu vida cuando en realidad no es cierto, vas a vivir una etapa más de tu vida, y lo que yo recomiendo es agradecer por ello aprender lo máximo de ello, así sea una experiencia horrible lo que estás viviendo.

Como ya te habrás dado de cuenta es que el enfado es una energía muy poderosa que cada persona tiene dentro de sí mismo, siéntete feliz por ello y por la poderosa energía que puedes llegar a tener y mucho mejor si la manejas de manera sabia.

La vida a veces te hace pasar por cosas que te dejan en una situación en la que debes decidir si o sí, la vida a veces te pone entre espada y la pared, y te hace tomar una decisión crucial que cambia el rumbo de tu vida, esas experiencias no son necesariamente de vida o muerte aunque desde tu posición, puede ser muy probable que lo veas así, una situación de vida o muerte, ¿y qué significa eso para ti? Solamente tú lo sabes, y si no lo sabes con claridad lo sabrás únicamente cuando lo vivas. En ese momento sabrás que toca tomar una decisión, y quizá no sepas donde te lleve, pero lo más seguro que estarás en un nuevo lugar logrando nuevas cosas, no las que te imaginabas, o no como creías que las vivirías, pero la vida es así, te da las oportunidades por donde nunca te hubieras imaginado que te llegarían, por eso es bello aprender de la vida, porque puede ser que te hayas imaginado que la vida no es lo que esperabas, o que la vida no era lo que te imaginabas que sería, pero la vida es como tiene que ser, natural y totalmente desconocido, como las oportunidades que se presentan.

Y cuando alineas tus emociones con tus causas o lo que quieres llegar a obtener de la vida de la forma correcta vas a progresar a un ritmo lento, pero enfocado, en donde sabes que quizá tienes que sacrificar algo de ti, (puede ser cualquier cosa una amistad, tu tiempo, tu familia, tu trabajo) en pro de algo más grande y más significativo, te repito ese pro es algo que solo tú sabes o vas a descubrir por ti mismo, y por tus propias vivencias y experiencias.

Porque ten algo por seguro, TODO lo que haces en tu vida todas las decisiones buenas o malas van a afectar tu futuro de una manera que no te imaginas, ten por seguro que mientras más fuerza o significado tengan tus decisiones, (ya sean buenas o malas) a futuro vas a sembrar lo que coseches, esto tenlo por seguro, quizá algo malo que hiciste a una amistad, no se te devuelva en seguida, quizá no se te devuelva en un futuro rápido, quizá tengan que pasar años, y aunque estés atento de evitar el fruto de tus decisiones, quieras o no, se te va a devolver TODO lo que alguna vez diste a la vida.

Ese es el problema, que las cosas que hacemos día a día pareciera que no son significativas o que no son realmente grandes, podrías pensar que lo poco que haces hoy no va a importar en el futuro, o que no te va afectar a ti mismo de algún modo, déjame decírtelo de la siguiente manera, lo que siembras lo cosechas.

Entonces es un tema de acumulación como ya te habrás dado de cuenta, y tratándose de tus emociones debes aprovechar de la mejor manera como las usas para lograr lo mejor posible en tu vida.

Lo mismo con el miedo pero yo te diría que si sientes miedo por hacer algo, o por vivir una experiencias, incluso enfrentarte a algo o a alguien y el miedo te paraliza mi consejo es este. Informarte lo más que puedas sobre ese tema al que debes encarar, pero no cualquier información, porque está más que claro que hoy en día hay maestros y gurús de todas las formas y todos los colores a disposición de cualquier personas gracias al internet, y lo malo sobre eso es que cualquier persona con poca experiencia puede hacerte creer que es el mejor gurú que hay a disposición y termina dando consejos que lo más seguro es que la información te brinde este contextualizada de la manera equivocada como la gran mayoría de gurús que hay disponibles.

Ese es realmente un problema en la actualidad en el siglo en el que vivimos. Porqué. Mucha gente aprende de estos disque maestros que parece que tienen respuestas para todo, usando fuentes de información dudosas o equivocadas, como hay tanta información en internet, creen que la primera que ven es la correcta, es la verdad absoluta, cuando en realidad no es así, y esos maestros enseñan en base a esa información equivocada a personas que en verdad necesitan ayuda convirtiéndolo realmente en un problema de mal contextualizado.

Es verdaderamente un problema no poder ver cuál es la verdadera fuente de la información de la que se alimentan esos maestros gurús, saber la verdadera fuente de información de la que la gente aprende es terminar con el trabajo de esos maestros online falsos equivocados o erróneos que sería una labor para bien.

Pero volviendo al tema del miedo, la información es valiosa cuando la obtienes de las fuentes correctas o sea de las personas correctas, saber quién es el maestro de tu maestro te hace saber si es lo que realmente quieres lograr con tu actual maestro, porque ellos solo funcionan como intermediario, mejor mira la fuente de donde aprenden tus maestros para ver la verdad.

Entonces cuando te informas más del tema al que te da miedo enfrentar, te va a dar más tranquilidad abordarlo en la práctica esa es una gran herramienta para manejar tus miedos correctamente, sabiendo que tienes la información de los maestros correctos, que tienen lo que tu realmente quieres obtener.

Dicen que el ejemplo es el mejor maestro, y si ves el ejemplo de alguien que realmente te hace decir, (Yo quiero lo que él tiene) ese es tu maestro, no de la vida pero del aspecto en particular que tú quieres tener, así puedes elegir mejor a tus maestros o a la información a la que te vas a exponer, porque repito estar empapado de la información equivocada va a hacer que hagas las cosas por lo motivos equivocados y de la manera equivocada.

La fuente de la que bebes (información, personas) es en lo que te vas a convertir y antes de convertirte en aquello busca, piensa, razona hasta dar con la certeza de que estas en el camino de tu verdadero agrado, y si no es de tu agrado DEJALO. Dejar ir es el mayor acto de amor que puedes hacerte a ti mismo.

Lo irónico aquí es que el opuesto de miedo es amor, deberías tener una buena base de enfrentar el miedo, tienes una buena idea de cómo pasar por el miedo hasta transformarlo en amor, en algo que te gusta.

Entonces para manejar correctamente el miedo es identificar el motivo de tu miedo, saber exactamente a que te estas enfrentando, empaparte de la información correcta hasta que consideres que estés tranquilo con lo que sabes y abordar la situación de la manera más sabia posible para ti.

Una vez que lo hayas enfrentado la situación a la que temías estarás más preparado para hacerlo, y tambhién te darás cuenta de que no era tan necesario haberle temido a dicha situación.

Cabe recalcar que cada persona es diferente, cada ser humano es distinto, vive en contextos y situaciones diferentes, y cada persona es un caso y no hay que generalizar a ninguna, para entender el trasfondo de una persona hay que saber en el contexto en el que vive y las situaciones a las que se enfrenta.

Y como todas las personas contamos con emociones que pueden ayudarnos o perjudicarnos en nuestro día a día es útil saber cómo usarlas para tu propia ayuda, o tu beneficio personal.

Sabemos que las emociones están ancladas a poderosas energías que si las encausamos hacía lo que queremos vamos a dirigir nuestra vida hacia las cosas que queremos lograr de una manera más madura y responsable, para ti y para las personas a tu alrededor.

Entonces es una responsabilidad manejar nuestras emociones de forma madura, un verdadero reto es morderte la lengua cuando tengas unas gigantescas ganas de responderle a alguien porque te sientes muy enfadado y quieres descargarlo hacia la persona, lo difícil es permanecer callado hasta que se pasen las emociones turbulentas, para abordar las situaciones de manera más madura.

O si ya tienes práctica con lo de manejar tus emociones de forma madura en los momentos difíciles o críticos, cuando estés enfadado podrías manejar esas circunstancias en su momento y estando enfadado encausando la energía para solucionar el problema, y no a querer hacer daño a la contraparte en cuestión, tomando en cuenta que la contraparte puede considerarse como una persona con la que se discute, un problema personal que uno está enfrentando, o incluso solo contigo mismo.

Por ningún motivo tomes decisiones cuando estés enfadado hasta que logres canalizarlo, ni tampoco cuando sientas una necesidad de urgencia, cuando sientes urgencia en algún contexto de tu vida, significa que alguien o algo te está manipulando para que actúes a la fuerza por motivos que no son los tuyos, sino que las razones de otras personas te están presionando para que actúes, de forma directa o indirecta que quizá ni si quiera te des cuenta que te están manipulando para que tu hagas algo.

Esto es domarse o dominarse a uno mismo y no dejarse llevar por las emociones rápidamente, si puedes dar un paso atrás antes de tomar decisiones importantes tendrás una perspectiva más grande de la situación o decisión que debas tomar. Si esperas y sientes que tomar tal decisión no era necesario, entonces habrás hecho una buena decisión.

Y si sientes luego de un tiempo que tomar la decisión sigue siendo importante para ti, entonces debes tomarla, porque tu instinto te está diciendo lo que es mejor para ti debes notar la diferencia de tomar decisiones por emociones, y por otra parte tomarlas por instinto.

Seguir tu instinto también es una gran guía cuando debes tomar decisiones emocionales tan simples como comprar algo, que si realmente necesito o tal vez no es necesario que lo compres.

Por eso espera, se paciente no te exasperes, y si sientes urgencia por algo, realmente no lo necesitas en tu vida dicha decisión.

Tomar decisiones por las malas, por urgencia, significa tomar decisiones desde la escases interior, todas las malas decisiones se toman desde la escases, desde el miedo o la urgencia.

Las buenas decisiones son aquellas que están alineadas con tu valores y creencias, por eso preguntarse ¿Esta decisión que voy a tomar, en verdad me llena, me hace feliz? Y así puedes separar la aguja de la paja, solo tú sabes lo que quieres en el momento y contexto en el que estás, si una decisión tomada te acerca hacia tu felicidad y este en armonía con tus valores y creencias, aunque te equivoques no te vas a equivocar por estas tomando las decisiones desde lo que realmente quieres o eres, de hecho equivocarse en este contexto es acertar, solo es una paso más para llegar a donde debes ser.

Ahí las emociones se tornan poderosas, te llenan de energía y enfoque, en esas circunstancias es cuando más lleno de energía vital tendrás, encausándolas adecuadamente vas a lograr cosas que no te hubieras imaginado ser posible para ti, pero en realidad estaban tan cerca que no te habías dado cuenta aún.

Un buen consejo es aprender a respirar en los momentos con mayor tensión, hacer eso permite tomar el control y gestionar tus emociones más proactivamente.

Respirar profundamente hace que el cerebro se ventile y le llegue mayor oxígeno con lo cual se relaja, llega a calmarse y tu empiezas a calmarte, todo lo contrario sería respirar rápidamente con nerviosismo 'por ejemplo.

Respirar de forma inestable en momentos de tensión hace que pierdas el control de ti mismo, no puedas manejar la situación y te quedes sin aire empeorando para ti la situación, en el que te vuelves más nervioso y te falta aire por respirar rápida he inestablemente.

Todos sabemos respirar, pero aprender a respirar en los momentos difíciles, en lo que se vuelve difícil es cuando aprenderemos a gestionar nuestras emociones y manejar la situación de manera más satisfactoria.

## Capítulo 5
## Cómo expresar tus emociones de manera saludable

En toda relación entre personas, la comunicación es algo indispensable y esencial para su desarrollo y evolución de las mismas. Cuando dos personas basan su relación con la comunicación efectiva, tienen mayor probabilidad de resolver los problemas o conflictos de una manera rápida y eficaz.

Puede ser que en tu infancia tus padres te hayan dado un mal ejemplo de cómo se debe comunicar de manera clara y satisfactoria, y eso es lo malo de los latinos, lamentablemente tenemos una comunicación de la patada, los latinos no saben comunicarse, y como existe esta situación entonces es más conflictivo el poder solucionar nuestros problemas.

El 80% de nuestros problemas son debido a la mala comunicación, así es, el 80%. Tal vez porque no lo dijiste claro, o lo dijiste mal, o tal vez lo dijiste en el momento incorrecto, o porque el interlocutor no lo entendió como tu tenías la intención de comunicar o lo entendió de otra manera.

Entonces con una mala educación desde la infancia en la comunicación con las demás personas ha hecho que no podamos manejar los problemas de manera eficaz, a muchos les cuesta poder expresar lo que realmente quieren comunicar, esta comunicación defectuosa afecta a la vida de mucha gente, haciendo que se sientan decepcionadas.

La buena noticia es que estamos en constante evolución y aprendizaje, nosotros podemos cambiar los patrones mentales que nos han enseñado en nuestra infancia y a lo largo de nuestra vida también, podemos reemplazar actitudes que ya no nos gustan por otras más útiles, efectivas, satisfactorias, puedes llamarlo como quieras.

El punto es ser capaz de lograr una comunicación que te permita obtener aquello que quieres de las personas en tu entorno, con aquellas que entablas, conversación constantemente, y con las que hablas poco.

Como ya te habrás dado cuenta, la comunicación efectiva es una habilidad crucial para establecer relaciones sólidas y productivas en cualquier ámbito de la vida. Aquí te presento algunas estrategias que puedes implementar para mejorar tu propia comunicación en tu día a día:

***Escucha activa:*** Aprende a escuchar con atención y sin juzgar. Haz preguntas para comprender mejor el punto de vista de la otra persona. Muestra interés y empatía por lo que están diciendo.

***Sé claro y conciso:*** Comunica tus ideas de manera clara, evitando palabras vagas o ambiguas. Si tienes algo importante que decir, asegúrate de que sea lo primero que menciones.

Utiliza un lenguaje adecuado: Asegúrate de que el lenguaje que utilizas sea apropiado para el contexto y la persona con la que hablas. Evita jergas o tecnicismos que puedan confundir al interlocutor.

***Sé consciente de tu lenguaje no verbal:*** A menudo, la comunicación no verbal (gestos, expresiones faciales, postura, etc.) puede transmitir mucho más que las palabras. Aprende a controlar tus gestos y posturas para asegurarte de que estén en línea con lo que quieres comunicar.

***Practica la empatía:*** Intenta ponerte en el lugar del otro y comprender su perspectiva. Esto te ayudará a comunicarte con mayor efectividad y a resolver conflictos de manera constructiva.

***Sé honesto:*** La honestidad es fundamental en la comunicación efectiva. Siempre es mejor decir la verdad, incluso si es difícil, que tratar de ocultarla o disfrazarla.

***Practica la comunicación asertiva:*** Aprende a expresar tus opiniones y sentimientos de manera clara y respetuosa, sin agredir al interlocutor. Esto te ayudará a establecer límites y a defender tus derechos sin dañar la relación con los demás.

Recuerda que la comunicación efectiva es una habilidad que se puede desarrollar con la práctica y la perseverancia. Si te esfuerzas por mejorar tu comunicación, verás cómo tus relaciones personales y profesionales mejoran significativamente.

Porque crear hábito significa que lo prácticas cada día un poco más, en el largo plazo, te puede hacer un experto en ese ámbito que hayas escogido y en cualquier otro que practiques de manera constante y perseverante.

La clave es descubrir la manera de hacerlo conforme a tu esencia, de forma en la que puedas sentirte tú mismo, y así desarrolles tu nueva personalidad en base a ese nuevo hábito.

Hay una cosa bien interesante, pero para progresar en sociedad uno pensaría que debemos ser todo el tiempo optimistas, pero es un error creerlo ciegamente.

Los verdaderos cambios sociales se generan a través de la queja, cuando lo haces das a luz cual es el problema, que por supuesta, saber cuál es el problema ya es tener gran parte resuelto, porque sabes lo que debes enfrentar claramente.

Quejarse ayuda mucho, ayuda a saber cuáles son los problemas y empezar desde ahí plantear soluciones, puedes usarlo con tus relaciones más cercanas.

Los grandes cambios sociales que ha habido en el mundo se han generado porque un enorme grupo de personas estaban quejándose en conjunto de su status quo, esto genera grandes cambios sociales porque obliga a la parte responsable hacerse cargo de lo que tiene que hacer.

Porque se da a conocer el problema, y cuando hay una enorme cantidad de gente expresando su queja en conjunto de forma masiva, ahí es cuando se genera el progreso y el cambio, social porque por ahí empieza.

Otro punto son los silencios que usas con otras personas, permanecer callado también es útil porque comunica algo, puede ser paciencia para con la otra persona, puede ser que antes de iniciar una discusión lo mejor sería mantener silencio y esperar hasta que las cosas se calmen esto en el plano de lo individual y no en lo global.

Maneja los silencios de manera astuta para comunicar que hay una mejor manera de solucionar o resolver las situación, a veces cerrando la boca puedes evitarte enormes problemas pero repito, puede ser muy efectivo si sabes manejarlo con inteligencia, porque discutir una y otra vez sin llegar a nada es lo opuesto a inteligente, es absurdo.

El silencio también te ayuda a escuchar a la otra parte, sus quejas sus disgustos y desde ahí se pueden encontrar soluciones viables, para que haya verdaderos progresos tiene que haber alguien que se queje y otra que escuche, la persona que escucha si es astuta lo va a usar esas quejas para mejorar las situaciones, demostrando a la otra parte que sus quejas son parte de la solución, pero solo con quejas no vas a resolver problemas.

Es como una retroalimentación en la que se aclaran las situaciones y se puede ver hacia donde se va dirigiendo uno, o los grupos de personas.

Saber lo que te estas enfrentando es esclarecedor, la mayoría de las personas dicen estar enfocadas en las soluciones, pero ¿Qué pasa con las personas que se enfocan solo en las soluciones? No saben lo que están resolviendo, Hegel decía "Tengan cuidado hombres de acción, porque ustedes son solamente meros instrumentos de los hombres de pensamiento".

## Capítulo 6
## Cómo defender tus necesidades emocionales

Todos tenemos las mismas necesidades básicas como seres humanos. Lo más básico es tener comida, un techo y ropa, para poder subsistir.

Ahora con el paso del tiempo nos vamos desarrollando intelectualmente, emocionalmente, físicamente, empezamos el proceso de maduración en esas tres áreas, algunos maduramos de una manera más rápida y otras más lenta, todo tiene su tiempo y su proceso, no hay que forzar las cosas.

Como somos seres con necesidades, una de las que debemos proteger son nuestros intereses emocionales, son aquellos por los cuales nos nace el afecto hacia las demás personas, tenemos la necesidad de conocer y tener amigos, amigas pareja, de tener familia, y convivir con las personas que más queremos, cuidarlas y que nos cuiden.

Eso nos hace sentirnos realizados felices y llenos por dentro, es un área muy importante de la vida en el que ser agradecidos por ello lo se vuelve más satisfactorio.

Pero las cosas no siempre son tan sencillas, entre tus amigos y amigas deben haber límites de comportamientos, como en toda relación hay que saber cuándo parar en ciertas situación y que cosas no hacer como la traición por ejemplo.

Es por eso que comunicar las cosas que más te gustan, que más anhelas conseguir en tu vida, las cosas por las que eres feliz vivir haciendo, y es importante seguir haciéndolo constantemente, para ver si las personas con las que te relaciones se ponen en armonía con tus valores, y creencias.

Comunicar lo que quieres realmente siempre que lo sepas claramente te va a separar de las personas incorrectas y te va a acercar a las personas adecuadas para ti.

Y es un proceso para toda la vida el haber comunicado tus anhelos con las personas adecuadas va a hacer que se forme un círculo armonioso y de confianza en el que van a estar encaminados hacía la misma dirección ayudándose y apoyándose de la manera en la que son capaces cada uno.

Por eso la importancia de comunicar, al hacerlo claramente estableces el límite desde el inicio, así los demás serán conscientes hasta dónde eres capaz de tolerar al prójimo.

Pero si llega un momento en el que alguien cruza la línea de lo que eres capaz de tolerar deberías considerar seriamente terminar inmediatamente las relación si la otra persona no demuestra intención de cambiar o mejorar o continuar con la amistad, porque si rompe los límites establecidos entonces no está realmente interesado en mantener una relación de amistad o pareja contigo.

Claro que debes perdonar a aquellos u aquellas que te lastiman, pero eso no significa que necesariamente que debas continuar con la relación.

De hecho el acto de perdonar es para ti porque cuando no perdonas vas a sentir rencor o resentimiento por la persona que te hizo daño, emocionalmente te haces daño a ti mismo al no perdonar.

Como acto de compasión a ti mismo debes perdonar, soltar y dejar ir lo ocurrido. La otra persona como dijimos, si no muestra señales de arrepentimiento de alguna manera entonces realmente no estaba interesado de ser tu amigo, pero no seamos tan duros, quizá en ese momento era incapaz de demostrar su necesidad de reanudar la relación.

Lo importante en esos casos es perdonar y dejar ir a la persona que te hizo daño.

También ten en cuenta que cuando alguien te hace daño o lo sientes así, debes interpretarlo de la forma más objetiva que puedas, porque las relaciones son de lo más complejas que puedas imaginarte, son todo un universo cada relación.

Con relación me refiero a toda persona con la que terminas entablando amistad o enamoramiento. Entonces no es tan sencillo como decir que toda acción genera una reacción, sino que es más complejo debido a la gran cantidad de capaz que cada ser humano tiene.

Pero siempre es importante establecer límites en la medida de lo posible con cada persona con la que te relaciones, trabajes o te asocies.

Ya sabes que debes perdonar cuando pasan el límite de lo tolerable por tu propio bienestar emocional, pero también sabes que en el caso de ser necesario terminaras con las relaciones, sin vergüenza ni ningún tipo de pena.

Pero también puede haber la situación en la que debes confrontar a la otra parte y pararle el tren, esto solo en momentos decisivos, donde debes rayar la cancha para que no te falten el respeto, una manera es exponer a esa persona públicamente y de forma diplomática, si tienes el carácter y la astucia para hacerlo, esa es la mejor manera de parar a los abusadores que se aprovechan de las demás personas, eso hace que el abusador frene, no va a cambiar, pero lo va a exponer como que él es el problema, a él es al que hay que señalar, siempre de manera diplomática.

Los prepotentes o abusadores hay de muchas formas, los hay por identidad, por dinero, por status, por el físico, por el intelecto, por fuerza, por personas, hay muchas variantes pero ya entiendes el punto de cómo se manejan los prepotentes abusadores.

Si tienes la fuerza, y el carácter para hacerlo diplomáticamente hazlo para rayar la cancha, y para encararlo públicamente solucionando el problema con esa clase de parásitos

## Capítulo 7
### La importancia de ponerse en los zapatos de los demás

Sentir empatía por los demás es tener compasión por el prójimo. La necesidad de ponerse en los zapatos del otro quiere decir, que esa persona realmente te importa y la comprendes profundamente poniéndote en su situación y más aún cuando le ayudas desde su posición.

Hay personas que realmente viven de formas muy especiales, esto no necesariamente es algo bueno, pero son situaciones que para otra persona son algo difícil de creer, cada persona ha vivido su vida y ha tenido experiencias que las han marcado con lo cual en su adultez solo tienen una o unas pocas maneras de solucionar las situaciones y estas no son las mejores porque se perjudican a sí mismas pero para ellas es algo normal, no las juzgues porque ellas se manejan desde donde saben y creen que es lo correcto, burlándote tampoco vas a lograr mucho, es mas no vas a lograr nada con eso.

Cada persona es un mundo y cuando se va volviendo cada vez mayor se vuelve más especial, lo que quiero decir es que hay que tener empatía con las personas que se manejan de ciertas maneras que consideras que están mal, y cuando digo que te pongas en los zapatos de la persona me refiero a que la ayudes durante días, meses y años, solo si tienes la capacidad de hacerlo, si no la tienes primero ayúdate a ti mismo, pero para aquellos que pueden hacerlo, estarían aplicando la verdadera empatía la que desde la comprensión ayudan a otras personas, quizás sean familiares, amigos, etc.

Sentirse en los zapatos de otras personas es como un poder que se puede aprender, si puedes ser empático con aquellas personas que sufren, habrás aumentado tu inteligencia emocional y tu empatía.

Pero para poder hacerlo debes ser empático contigo mismo, debes estar conectado primero contigo mismo antes de poder conectar con otras personas, no puedes dar lo que no tienes, y no deberías hacerlo.

Y una vez que eres empático contigo lo serás de manera natural con los demás, se trata de los demás y a la vez de ti, pero siempre debes ser tu prioridad y así serás empático con otras personas.

Dale paz a otras personas teniendo tu esa paz que la compartes con otras personas, esas buenas vibras son contagiosa y son un hermoso regalo para aquellas personas que lo necesitan, ayudarte a ti mismo, es ayudar a los demás.

## Capítulo 8
### Construyendo conexiones emocionales significativas

Todos necesitamos de las personas para vivir. Las necesitamos para trabajar para comprar, para vender, para, las necesitamos para generar vínculos afectivos, porque somos animales sociales por naturaleza y tenemos la necesidad de socializar con los demás, es parte de nosotros.

Cada persona merece respeto por igual, nadie vale más que otra persona, no importa si tiene un color de piel distinto, si es más alto, si es más guapo o feo, no importa si es popular o solitario, si es hombre o mujer, niño o niñas. Todos merecemos respeto por igual.

Pero muchas veces vemos que las personas se dejan llevar más por lo superficial, en donde ahí ya estas teniendo una vida ilusoria, que no está conectada a la realidad.

La realidad es que las personas son lo más importante que tenemos para vivir en todos los aspectos, en el sistema en el que vivimos, lamentablemente el fin es el dinero, cuando en realidad el fin debería ser la persona.

Con lo cual, necesitamos de las personas para vivir más felices, más exitosos, más satisfactoriamente, para construir relaciones saludables, debes estar con las personas que son adecuadas para ti, aquellas con las que puedes entablar amistad de forma sencilla y puedan mantenerlas con el tiempo.

Son aquellas personas que te apoyan con tus debilidades, y tu apoyas sus debilidades con tus fortalezas, es reciproco, y yo añadiría que es una reciprocidad inconsciente, o sea, no te das cuenta o no eres consciente de que estas ayudando a tu prójimo porque tú tienes unas fortalezas que tu prójimo no tiene, y como es tan fácil para ti demostrar aquellas que son tus fortalezas, ni te das cuenta que lo estas ayudando, es más es placentero y sencillo apoyar a esa persona.

Y lo mismo para ti, dejar que alguien te apoye en tus debilidades es parte de la reciprocidad, así es como puedes hacer que las relaciones exitosas, profundas, encausadas por un propósito, lleguen a ti, y déjame decirte una cosa, no necesitas muchos amigos para sentirte que eres parte de algo con 2 o 3 tienes más que suficiente, con esa cantidad y siendo las personas adecuadas para ti y tu para ellos, van a lograr cosas maravillosas, cosas que ni loco hubiera logrado solo, van a llegar más lejos de lo que hubieran pensado (con el paso de los años).

## Capítulo 9
## Cómo el fracaso puede ayudarte a crecer emocionalmente

Entendemos por fracaso como algo que no hemos logrado y que teníamos la intención de hacerlo, queríamos conseguir algo en términos de objetivos, necesidades o sueños y no lo hemos conseguido, ese es el fracaso.

Puede sonar como algo malo pero como vivimos en una sociedad en donde la negatividad es destructiva, en realidad es muy necesaria, sin el fracaso no hay aprendizaje, sin el dolor no se cura la herida.

Pero hay que especificar, porque no todo el dolor o todo el fracaso son necesarios para el aprendizaje si lo consideramos en términos de que el ser humano evoluciona internamente cada vez que se enfrenta o vive el fracaso, no hay que generalizar pero si tomar en cuenta de que cuando nos proponemos un objetivo por las razones adecuadas, ahí si puedes ser capaz de aprender de tus errores y fracasos.

Ahora voy a explicarte cómo es que el fracaso nos ayuda a crecer emocionalmente entendiendo que el fracaso lo hemos cometidos nosotros, y no otras personas, cuando otra persona que no eres tu fracaso, su aprendizaje es para aquella persona, y no para ti.

Aunque puedes aprender de las personas que han fracasado, para saber qué es lo que no se debe hacer.

Al tener nosotros un sueño un ideal que se nos pudo haber surgido de alguna manera, puede que ese sueños nos nazca de manera natural, o puede que otras personas te hagan tener sueños que quieres lograr, vamos a estar anclados con la intención de querer obtener dicho sueño, siendo ese un propósito más a para nosotros.

Y ¿Qué pasa con la gente que está llena de sueños que lograr? Pues está más feliz porque sabe lo que quiere y también lo es más si está en proceso de conseguirlo de manera activa.

Nos hace felices imaginarnos el cómo se sentirá obtener lo que tanto anhelamos, en especial si ese algo está alineado con tus intereses más profundos, así es como puedes saber que estas bien encaminado al querer lograr tus sueños, porque eres feliz trabajando por ellos. Eres feliz trabajando para ti.

Puede que parar lograr aquello que tanto anhelas te tome tiempo como todo en la vida, pero ten por seguro que va ha haber fracasos en el camino, y más aún si no tienes un maestro que ya tiene lo que tu anhelas, de hecho un maestro que está donde quieres estar es una buena manera de lograr lo que deseas, es de gran ayuda si puedes obtener la ayuda de alguien con experiencia.

Pero va a haber fracasos en el camino de lo que quieres conseguir, y esos fracaso pueden ser muy duros, pueden ser inesperados, pueden ser injustos, pueden ser por la falta de conocimientos, ocurren por muchos factores que al inicio no estamos alertas, o conscientes.

Y cuando ocurran va a ser un golpe muy duro para ti, quizá hasta físicamente te afecte como un resfriado o malestar, esos fracasos que nos duelen hasta el alma ahí es cuando debes seguir pero de una manera distinta, desde un enfoque, con una estrategia que sean el resultado de ese fracaso, que te va a guiar a hacerlo de una manera más adecuada para ti.

En si esa clase de errores que uno experimenta son el verdadero camino que debemos pasar para lograr nuestros objetivos, o intereses.

Digamos que querías abrir un canal de YouTube con la intención de entretener al público mayor con humor negro.

Tener muchos suscriptores y hacer negocio con ello en los siguientes años, tienes el talento natural para hacerlo enfrente a las cámaras, y empiezas a subir tus videos, empiezas a ver que la gente te empieza a conocer, y tu canal va creciendo por buen rumbo, te sientes feliz porque estás trabajando con lo que se te da de forma natural, y solo sería cuestión de tiempo y paciencia lograr tus objetivos, todo va perfecto, vas encaminado haciendo lo que te gusta para el público que tú elegiste.

Ahora de repente te cierran el canal porque subir esa clase de contenido a YouTube es considerado como algo rechazado socialmente. Entonces te enteras que cerraron tu cuenta y ya no puedes subir tu contenido, ese sería un golpe durísimo para ti porque literalmente estas destruyendo tus sueños, o al menos lo sientes realmente que es así.

Puedes llamarlo un gran fracaso, pero sabías que estabas haciendo lo correcto porque eras feliz haciéndolo pero de la manera inadecuada para la plataforma, y ¿ahora? Como continuas, cómo sigues si has vivido un fracaso aparentemente durísimo.

El fracaso puede venir muchas maneras más de las que te estés imaginando, puede ser llamado fracaso el no haber podido conseguir un trabajo, también puede ser llamado fracaso no estar feliz con tus relaciones personales, fracaso puede ser considerado como no haberse levantado temprano.

Tú le das el significado a lo que consideres un fracaso, lo que para ti es un fracaso para otra persona no lo es porque vive otra realidad.

El fracaso debe ayudarte a salir adelante, debe ocurrir algo muy doloroso que te haga decir BASTA HASTA AQUÍ. Cuando ocurre algo que pone un punto y aparte en tu vida vas a empezar a hacer los cambios correspondientes porque es algo inaceptable para ti.

Entonces si lo manejas de una manera astuta, el fracaso bien maneja te puede llevar al éxito en tu vida, por lo que sea que tu consideres un éxito, que el fracaso no te detenga, y de ser necesario que ocurra algo en tu vida muy fuerte que te haga cambiar el chip si es que lo necesitas.

Así es como subimos de nivel en la vida, empezamos a vivir mejor, en contextos más elevados, haber sentido fracaso hace que nuestra vida pueda mejorar si lo manejas de formas inteligentes.

Las victorias son solo la consecuencia de haber fracasado en la vida y haber continuado diligentemente, una persona realmente fracasa en algo cuando se rinde en ese algo, ¿Por qué? Pues porque deja de intentarlo, deja de buscar nuevas y mejores manera de conseguir lo que una persona tenía la intención de lograr o conseguir.

Cuando uno se rinde en algo es cuando ha fracasado de manera permanente en ese algo que respecta, entonces en ese algo no va a progresar porque deja de intentarlo deja de ver qué cosas funcionan en ese ámbito y que cosas no.

En otras palabras deja de experimentar. Y la vida trata de eso, de experiencias.

Evitar las experiencias es evitar la vida.

Ahora bien debo decir algo y es que fracasar al inicio de algo es normal, de hecho es la norma, a todos les pasa, pero fracasar en lo mismo una y otra vez es contraproducente, o sea que puede ser que ese fracaso no te ha dolido lo suficiente como para mejorar he ir al siguiente nivel de tu vida.

Que en muchos casos ocurre, pero la idea es aprender de esos tropiezos, fracasos, para no volver a hacerlos, yo creo que las personas lo que quieren es reducir su sufrimiento, y una manera de hacerlo es aprender de tus fracasos para ya nunca más volver a cometerlos y nunca más volver a vivirlos o experimentarlos, porque ya los viviste.

## Capítulo 10
### Manteniendo la madurez emocional a largo plazo

Uno debe saber de dónde vino, en donde está y hacia dónde se dirige, si hoy disfrutas de los resultados de tu trabajo duro es porque en el pasado tenías muy poco, y dolió tanto que cambiaste tu futuro mediante tu trabajo duro.

Ser agradecido por lo que tienes ahora, es esencial he importante, y te ayuda a dirigirte a un lugar mejor, por eso debes saber de dónde vienes, dónde estás y hacia donde te diriges.

A lo largo de la vida vas a tener muchas experiencias, vas a tener vivencias maravillosas y otras no tan buenas.

Es una perspectiva global de tu vida, y una persona es el resultado de las experiencias que ha vivido, y como las ha vivido.

Cuando se acumula una gran cantidad de experiencia, si quiere llegar más lejos y mantener la Madurez Emocional que ha logrado, debe enseñarla de manera directa o indirectamente, como ser con el ejemplo, incluso con la simple manera de ser.

Si quieres mantenerte con la Madurez Emocional debes permanecer con personas que son así, como sabes las personas influyen poderosamente en ti, de esto nadie se salva.

Por eso cuida tu círculo de relaciones, con aquellas que armonizan con tus creencias, tus valores y tus ideales de esta manera no solo vas a mantener dicha madurez sino que en conjunto la vana potenciar a niveles elevados que no te puedas haber imaginado.

## Capítulo 11
### Cómo superar la depresión

En tu vida vas a sentir en muchas ocasiones depresión sin razón aparente, esta emoción te puede agarrar en el momento que menos te lo esperas, puede ser luego de un largo día en el colegio o en el trabajo, puede ser en las noches y de repente te entra la emoción de la depresión.

Cuando nos sentimos depresivos puede ser porque ha ocurrido algo en nuestras vidas que nos hacen caer en lo más hondo de ese sentimiento, y somos víctimas de ella.

O también puede que estabas pensando en algo que ha ocurrido en tu vida que te afecto y lo vuelves a recordar con lo que la depresión entra en ti y en tu cuerpo.

También podría ser por la situación actual que vives que te pone depresivo, o de un pasado que quisieras volver a revivir pero no puedes y te pone depresivo.

También sería porque has terminado una relación de pareja o con un amigo o amiga, y te entra la depresión, te entra el vacío existencial y no sabes que hacer, cas hondo

La depresión pareciera que dura eternamente cuando la sentimos, sentimos que el mundo se va a acabar o que no vemos esperanza en nuestras circunstancias en un futuro, te agarra desprevenido y eres víctima de ella.

Es una emoción en la que sentimos que no hay esperanza para nuestro futuro, que no vale la pena seguir luchando en esta vida, o no le encuentras realmente un sentido a la misma, caes en un vacío existencial.

Déjame darte unas maneras de tratar la depresión que en verdad te van ayudar enfrentarlas en su momento.

Mantente lo más ocupado que puedas, ve a dar una caminata larga en la calle escuchando tu música preferida, o a tu YouTuber preferido, puedes descargar en formato mp3 un video de un YouTuber de tu agrado y ve a caminar lo más lejos que puedas para mantenerte ocupado.

Has ejercicio levanta pesas, trota, lo que este mas al alcance tuyo y puedas hacerlo en ese momento para enfrentar la depresión.

Mira una película que sea de tus favoritas o una película que nunca antes habías visto pero que te llaman la atención.

Lee un libro o una revista que sea de tu agrado y mejor aún escribe en un cuaderno lo que sientes, o lo que quieras, escribe largo y extenso, puedes llegar a escribir cuatro, cinco, seis hojas, lo que necesites para mantenerte ocupado, una vez que hayas escrito todo lo que querías, léelo eso es muy beneficioso psicológicamente, incluso te ayuda a psicoanalizarte y conocerte mejor.

Todo con el fin de pasar por esos momentos depresivos de tu vida, verás cómo te sientes después, habrás superado la depresión y habrás salido del hoyo emocional.

Es porque es muy importante mantenerse ocupado distráete, mímate y trátate con respeto.

La depresión es algo que a todos nos llega, nadie se salva de ella, todos las experimentamos en algún momento de nuestras vidas, y una vez que hayas salido de ella te sentirás fortalecido interiormente, habrás enfrentado al demonio y habrás ganado.

Como sabes todos son ciclos solo debes disciplinarte para manejar la depresión en los momentos que venga y tú ya estarás listo para enfrentarla de manera saludable

## Capítulo 12
### Cambio y Adaptación

La vida está en constante transformación y cambio los niños se vuelven adolescentes los jóvenes en adultos, las larvas se convierten en mariposas, luego del día viene la noche, cada 4 años hay un nuevo presidente en un país, tu cambias tu manera de pensar de cómo lo hacías antes, en general hablar de la vida es hablar de cambios constantes, las personas tenemos la capacidad de adaptarnos a los tiempos actuales en los que estemos viviendo, cuando fue creado el celular touch nos adaptamos y empezamos a trabajar con las nuevas tecnologías que se nos presenten y el mundo cambia poco a poco, las formas en las que hacemos las cosas en relación en como lo hacíamos hace 20 años han cambiado de manera contundente.

El mundo va progresando y nos vamos adaptando a esos cambios, y la capacidad de adaptarse a los cambios hace que desarrollemos nuestra Madurez Emocional, dentro de lo que es ético y moral claro está.

Así como el mundo progresa, nosotros en conjunto progresamos con él, mientras nos adaptamos a los cambios, hacemos las cosas de mejor manera y más rápidamente.

Entonces adaptarse a las circunstancias y mejorarlas es indicador de que tu Madurez Emocional se está desarrollando cada vez más, para mucha gente no es fácil aceptar el cambio y se quedan estancadas con el pasado.

Con las formas anticuadas de manejarse y hacer las cosas, hasta de pensarlas he interpretarlas, aceptar el cambio es aceptar nuestro progreso como seres humanos que es parte de la vida.

Solo uno mismo se pone de obstáculo para no progresar, hazte un favor y no te estorbes a ti mismo de tu progreso como ser humano.

Son cosas que no consideramos pero están ahí afectándonos, es por eso vital aceptar los cambios que el mundo nos presentan, puedes usarlos inteligentemente y hasta reírte de esos cambios, pero acéptalos porque son parte de la historia y parte del progreso humano.

Las personas cambian, van a hacia su rumbo natural y no puedes detener esto, por eso verás que muchas amistades que tienes han cambiado con lo cual como ya no comparten los mismos intereses ya no van a frecuentar, así las amistades terminan cumpliendo sus ciclos naturales ahora van en busca de otra cosa.

Por eso es un error no dejar ir a quien debe hacerlo, deja ir a las personas que te dejan, o sea que ya no son ahora tus amigos, lo fueron en su tiempo, y para eso son las relaciones para estar en su tiempo.

Hay personas que van a estar contigo un breve periodo de tiempo y otras que van a estar años contigo, reconoce cuáles son esas amistades y si llegan a cambiar, dejarlas libres y tú también sigue tu camino y cambia hacia donde debes hacerlo.

## Capítulo 13
### Autocompasión y Perdón

La autocompasión es ser amable con uno mismo y respetuoso, aceptarse tal cual es sin excusas ni peros, evitan exigirse de manera absurda ni autocastigarse por los errores hasta hacerse uno mismo daño.

Está bien cometer errores son parte de la vida, está bien que las cosas no hayan salido como quisiste que salieran quizá fue por tu propio bien que las cosas salieran mal al menos a largo plazo.

Debemos aceptarnos tal cual somos y no lastimarnos por las auto exigencias desmedidas.

Claro que debes exigirte, para lograr más logros uno debe pedirse más, después de lograr se siente feliz realizado, es así como las personas se sienten exitosas.

Exigirse es bueno pero siempre hasta donde uno es capaz de lograr, cuando se exige mas de lo que se puede hacer te estas autodestruyendo, te estas lastimando, puedes llegar a niveles de estrés elevados.

Es saludable reconocer que se deben conseguir logros pero no debes exigirte hasta terminar lastimándote a ti mismo emocionalmente, maneja la autocompasión de manera inteligente contigo mismo de una manera en la que logres tus objetivos dentro de tus capacidades.

Pedirte hacer algo que no eres capaz simplemente te va a romper por dentro imposibilitando el logro, te va a retener.

Ahora bien pasemos a lo que es el perdón y porque está en este capítulo, perdonar es un acto de amor hacia ti mismo, el perdón es dejar ir lo que nos lastima, soltar lo que nos ha estado haciendo daño, perdonas porque eres consciente que si mantienes algo que te está haciendo daño a ti solamente te estas torturando por tu propia voluntad.

Soltar, dejar ir aquello que nos ha estado lastimando es una acto de amor propio, que no tiene nada que ver con las personas, perdonar te libera te enaltece te hace una gran persona, te hace crecer y madurar.

Es por eso que aferrarse a las cosas que nos hacen un mal como exigirse de manera absurda, de una manera que no sea posible cumplir y que te lleve a picos de estrés claramente nos hará daño,

A veces la mejor ruta es otra, por la cual no has considerado ir, las cosas ocurren por algo y si no han ocurrido también es por algo, por eso romperse la cabeza por algo que no funciona no es sensato.

Suena muy lógico pero para mucha gente no lo es, porque mayormente las emociones son las que nos hacen decidir nuestras vidas, la emoción de pensar que algo va a ocurrir si hacemos tal cosa de cierta manera puede que sea un error.

Pero un error más grande es hacer algo que no funcionan una y otra vez creyendo que va a funcionar, cuando quizá haya mejores maneras de hacerlo.

El punto es que cuando sientas que el estrés está llegando a tu vida, debes manejar la autocompasión, replantearte algunas cosas, dejar otra que ya no funcionan y dirigirte a un mejor camino.

Es un ciclo que no termina, sino que va evolucionando, va mejorando, es el camino de la vida en el cual todos somos parte.

**Capítulo 14**

## Creatividad y Expresión Emocional

Todos tenemos dentro de nosotros la capacidad de ser creativos esperando que salga de nosotros, si es que aún no la hayamos expresado, es porque estamos interfiriendo con nuestra creatividad o la estamos evitando de alguna manera.

La capacidad de creación es lo que se denomina creatividad, esta puede venir de muchas maneras como ser a través de la inspiración, del amor, la felicidad, la paz, la tranquilidad, etc.

Cuando tienes el impulso emocional puedes enfocarla para ser creativo, que es una manera de expresarte emocionalmente, podemos expresarnos a través de nuestras creaciones con la ayuda de nuestro impulso emocional, mientras mayor sea el impulso que tengamos más poderosa se vuelve nuestra creatividad.

Podemos estimular nuestra creatividad estando en entornos que nos gusten, haciendo actividades en las que seamos buenos, también con personas que nos inspiran, o por sucesos que nos dan el impulso y la fuerza de actuar.

Lo que debes hacer es canalizar tu impulso en algo creativo, como por ejemplo, puedes expresar tu creatividad en la manera en la que juegas algún deporte, si eres bueno pintando y de repente te encuentras con el impulso emocional puedes mejorar con la creatividad tus pinturas, el punto es expresar tus emociones con la creatividad a través del plano físico que en este caso puede ser tu trabajo, tus hobbies tu deporte, favorito tu personalidad, tus negocios si es que los tienes.

Para decirlo de cierta manera, te apalancas de tus impulsos emocionales para canalizar tu creatividad en las actividades que vas a desarrollar, lo primordial es descubrir que es aquello que te impulsa o te apasiona, que es lo que hace que tus emociones vibren.

Si llegas a descubrirlo llegaras a ser disciplinado muy fácilmente, estarás actuando y decidiendo en un plano mayor que ser simplemente constante por el hecho de serlo, sino traduciendo tu creatividad hacia algo más grande algo mayor.

Es así como surge la disciplina, canalizando tu expresión emocional hacia lo creativo por medio de tu accionar y con el fin de expresar tus emociones, incluso lo que eres, es una expresión de ti mismo, ahí es cuando tienes la capacidad de crear.

Crear lo que tu capacidad te permite hacerlo.

Quien sabe quizá por practicar esta disciplina te conviertas en alguien grande en un aspecto en específico, descubriendo a la vez el propósito de tu vida para lo que eres bueno y puedes disfrutar hacerlo todo el día, quien sabe, los pequeños pasos llevan a grandes caminos.

Todo comienza por un paso y cada vez que actúas o te mueves tu mundo se mueve, mientras más lo hagas más se moverá tu mundo.

## Capítulo 15
### Crianza con Madurez Emocional

Los padres antes de ser papás deberían tener la vida resuelta, antes de tener hijos, deberían poder mantenerse a sí mismos, ser independientes como para poder cuidar a otro ser humano, un hijo es un compromiso al que hay que cuidar y no tomárselo a la ligera.

Eso para empezar, tomar decisiones con madurez afecta a la vida de los hijos, y en su aprendizaje, más que lo que dices ellos aprenden de lo que haces y de quien eres o lo que eres, ten en cuenta que un hijo a muy temprana edad es más sensible a las influencias externas.

Ellos absorben todo como esponjas y eso que absorben se queda con ellos por el resto de su vida siendo más difícil que absorban la información como lo hacían de niños, es por eso que los niños aprenden con el ejemplo, más de lo que dices que de lo que no haces o no eres.

Inculca a un niño o adoctrínalo de cierta manera y va a ser casi imposible hacerle cambiar de parecer cuando el niño ya sea adulto, bueno, no es imposible cambiarle de parecer, por lo que si es que va a ser muchísimo más difícil cambiarle las creencias implantadas en su niñez.

Tu convence a tu hijo de que es el mejor, que es el campeón, y que con cada derrota eso lo va a acercar a la victoria la próxima vez, si simplemente practica más duro y se esfuerza más, dile que es un ganador que ganar es importante y el se lo va a creer, ojo con algo, si tu como padre o madre del hijo si no eres ganador, no habría tanta influencia en lo que le dices por quien tu eres, o tendría menos impacto o incluso el niño cuando crezca te podría tildar de perdedor o perdedora, porque el niño puede pensar cuando crezca "Si mis padres me dijeron que soy un ganador cuando ni ellos mismos lo eran entonces me siento estafado".

Tiene que haber congruencia con lo que le enseñas a tus hijos que con lo que tu como su progenitor eres.

Con la forma de ser enseñamos, si tus palabras y tus acciones son congruentes con los demás vas a ser una gran influencia para las personas en general.

Y viceversa mantenerte junto con personas de influencia positiva va a impactar tu vida para bien.

Mantente con personas positivas para que así tu seas una y puedas influir y compartir lo que tienes a las demás personas, te vuelves generoso y un gran ejemplo para la gente, y así también con el ejemplo enseñas a tus hijos a ser una influencia positiva.

Las influencias nos enseñan a ser y a no ser, ¿Ser quién? Pues depende el tipo de influencia, pero entiendes a lo que me refiero, como es un trabajo de todos los días cuidarte a ti y a los tuyos debes estar siempre observando con quién andas que haces que mira, y lo mismo con los hijos.

# Capítulo 16
## Resiliencia Emocional

La capacidad de una persona de para adaptarse y recuperarse emocionalmente frente a situaciones difíciles, adversidades o experiencias estresantes. En lugar de ser vencido por los desafíos, una persona resiliente puede mantener su bienestar emocional, aprender de las experiencias y salir fortalecida.

Una persona no nace con la resiliencia desarrollada, sino más bien la va aprendiendo y fortaleciendo en el camino, a lo largo de los años, y de sus experiencias, llegar a un nivel alto de resiliencia requiere de ciertas estrategias que uno debe realizar, afrontar y asumir.

La más conocida es afrontar los obstáculos y hacerse responsables por los resultados del mismo, experimentarlo en carne propia en lugar de evitarlas.

Afrontar en carne propia te hace más inteligente, astuto y maduro, cuando vuelvas a afrontar la adversidad, no es fácil ser constante cuando debes conseguir algo por medio de la adversidad pero el fin de ello es en la clase de persona en la que te conviertes, no en lo que consigues, sino en quien te vuelves.

Si, vas a cambiar cuando enfrentes las adversidades, y mientras más grande sea, el cambio de tu ser será mayor, con las pequeñas adversidades no vas a notar cambios en ti.

Pero con las adversidades más difíciles, afrontarlas te va a cambiar tu forma y manera de ser, te va a dar experiencia, también sabiduría y madurez, esto quiere decir que esa adversidad se volverá pequeña una vez la hayas afrontado en primer lugar hayas cambiado y ese problema te sea fácil de afrontar.

Mientras más grande te vuelvas al enfrentar los retos de la vida más sencillos se volverán, no serán difíciles, serán sencillos de superar porque tú cambiaste y ese es el fin, el medio es el reto o el problema.

Evadir los obstáculos de la vida solo va a hacer que te retengas a ti mismo, a tu crecimiento como ser humano a tus habilidades, a tu contexto actual con el que vives.

El contexto es tu realidad, tu contexto tiene un tamaño y es en el que te sientes cómodo, para extender tú contexto debes extenderte tú por medio de las adversidades, tu contexto va a crecer hasta donde crezcas tú.

Debes aprender a mantener una actitud positiva ante la vida a pesar de las dificultades busca oportunidades de crecimiento en medio de los problemas, así puedes forjar tu resiliencia emocional.

Debes estar muy atento para reconocer las oportunidades detrás de los problemas, es una habilidad que puedes mejorar, quizá los que están a tu alrededor no vean las oportunidades, quizá debas dejar esas amistades pero más importante aún, debes aprender a observar las oportunidades que están al haber problemas.

Puedes recibir ayuda para desarrollar tu resiliencia, con grupos de apoyo con los que puedas comunicarte son esa clase de cosas que te fortalecen interiormente, te dan un apoyo que te ayuda de gran manera con los obstáculos de tu vida, quizá no lo veas, pero puedes sentir esa fortaleza de tener amigos que te apoyen o que simplemente estén ahí para ti y tu grupo de contactos.

Esto no implica negarse o evitar las emociones difíciles sino más bien recibirlas con los brazos abiertos y descubrir formas saludables de tratarlas.

Porque negarse a las emociones difíciles es negarse a sí mismo ya que las emociones vienen de ti, anteceden de ti por eso hay que aceptarlas y después gestionarlas

Es un proceso dinámico que se fortalece a lo largo del tiempo mediante la construcción de habilidades de afrontamiento, el desarrollo de una mentalidad positiva y la búsqueda de apoyo cuando sea necesario.

## Capítulo 17
### Aprender a gestionar las Emociones

La salud emocional tiene que ver con gestionarlas de la manera correcta o adecuada para ti, mediante la toma de decisiones equilibradas en diferentes situaciones.

Gestionar las emociones en momentos difíciles puede cambiarlo todo, pero no solo eso, saber manejarlas va a evitar incluso que llegues a situaciones difíciles, en realidad funciona para ambas situaciones.

Funciona para manejar diplomáticamente las situaciones difíciles, pero también lo es para anticiparse a las situaciones difíciles, como puedes ver es un proceso cíclico que no para, sino que va siempre para arriba, auto mejorando constantemente.

No saber gestionar las emociones te puede llevar a problemas con tus relaciones personales, con tu familia, pareja y amigos, puede ocurrir que termines por las razones equivocadas con esas relaciones.

Te volverías alguien muy susceptible ante los conflictos impidiendo ver la solución de estos, ya que las emociones no gestionadas pueden contribuir a tu desgaste con tus sentimientos y emociones.

Entre otras cosas también está la baja autoestima, lo mala salud física como resultado de la hipertensión, y otros trastornos relacionados con el estrés.

No saber gestionar las emociones te puede llevar a un aislamiento social debido a la incomodidad en situaciones sociales.

Puede afectarte en tu medio laboral si es que trabajas, te lleva a comportamientos autodestructivos como el pensamiento suicida, te hace desarrollar patrones mentales negativos, que esto solo lleva al sujeto de mal en peor y ocasiona problemas por la falta de adaptabilidad.

Como verás aprender a gestionar las emociones es algo primordial en la vida de los seres humanos, pero esto es algo que no nos enseñan y que necesitamos implementar en nuestra vida.

Como en cualquier terapia todo debe iniciar desde la consciencia, ser conscientes de nosotros mismos, de nuestras emociones y sentimientos, ser conscientes de nuestros pensamientos es el primer paso de este aprendizaje.

Identifica tus emociones acéptalas en su plenitud todas las emociones son buenas y tienen su propósito, empieza a practicar la respiración controlada inhalando y exhalando para poder tranquilizarte en los momentos de tensión.

Haz ejercicio regular por semana a parte de tener salud física te da claridad mental y relajamiento incluso te puede ayudar a encontrar soluciones que antes no podías ver, solo si lo haces de manera constante, por eso se dice que el ejercicio es una buena terapia.

Ten un diario para poder expresarte de la forma que tú quieras para hacer salir a flote las emociones que tienes contenidas, esto es liberador si tienes emociones contenidas sin haber sido expresadas, muy útil.

Aprende a comunicarte de la manera más adecuada para ti para que las demás personas te brinden el apoyo que solicitas u obtener aquello que pides.

Empieza por crear tus propias rutinas diarias para tu propio cuidado personal que te ayudan a relajarte, motivarte, para hacerte saber a ti mismo que te cuidas y proteges.

Aprende a decir no de la manera más adecuada para ti, que no sea un problema para ti decir que no a las peticiones de las personas, debería ser un ejercicio obligado, porque negarte a hacer lo que no quieres es un acto de amor a ti mismo.

Aceptar todo lo que te piden te deja sin aliento, te quita el tiempo por aceptar algo que no quieres hacer realmente, decir no a las personas, no es malo, pero hay ese estigma social de que si te vas a negar a lo que te piden las personas las vas a perder.

Mejor aún perder amistades que no aceptan un no por respuestas y te fuerzan a hacer lo que ellos quieren, mejor perder y terminar esa clase de relaciones, si no puedes decir que no a tus relaciones y se te ve como algo malo, te vas a hacer un enorme favor terminar de una vez por todas con esa o esas relaciones tóxicas.

Ya que las relaciones y sociedades no se deberían desmoronar por las negativas, sino que buscan maneras para fortalecerse y salir adelante, en base de las prioridades de los integrantes de dicha sociedad.

Busca estar con personas que te hagan serte fiel a ti mismo, amigos o amigas que te hagan sentir auténtico, que te inspiren a encontrarte a ti mismo, relaciones que te hacen bien, con tener una sola persona que genere eso en ti ya lo tienes todo en lo referido a las relaciones se podría decir que has triunfado con las relaciones o de amistad o de pareja.

Y por último date tiempo a ti mismo de alejarte de todo, darte un tiempo de introspección si es posible a una isla sin ningún tipo de tecnología con el motivo de auto evaluarte, meditar, te ayudará a replantearte tu vida para ver cuáles son tus prioridades y porque motivo lo son por ejemplo.

Si no puedes irte a una isla en cualquier lugar en donde puedas olvidar todos los ajetreos de la vida y encontrarte contigo mismo igual funciona, el punto es replantearte tu vida, tu perspectiva, tu valores, tus prioridades, tener un tiempo para ti es una inversión que haces en ti, como acto de amor propio puede que te ayude a elegir mejor tus decisiones con respecto a todo lo que es tu vida.

## Capítulo 18
### Personas que son Maduras Emocionalmente

Muchas influencias con las que vivimos nos afectan a nuestra de vida de una manera que las personas no son realmente conscientes de ellas, en realidad la personalidad de una persona, sus gustos, sus logros, su felicidad y muchas otras variantes depende en bastante medida bajo que influencias se expone a diario, también de que manera las interpreta.

Las influencias bajo las que vivimos son como nuestra base para actuar y ser, por influencias me refiero a personas con las que más tiempo pasas he interactúas, tus amigos familia, pareja o compañeros de trabajo son influyentes en tu manera de ser, además también nos han influido a manera de inspiración como los héroes que tuvimos de la infancia, personas reales o ficticias que por sus características, poderes, logros son como agentes que nos inspiran a ser como ellos, son como el ejemplo que quisiéramos ser y nos influyen a ser de esa manera.

Hablando de influencias todo lo que vemos en nuestro día a día nos influye de maneras en las que no somos conscientes, como lo que transmite la televisión, lo que vemos en el celular, todas esas cosas en las que estás pensando que observas en las pantallas todo el día te influye en tu personalidad.

Por eso hay veces en las que nos preguntamos porque somos de cierta manera, cuando la verdad es que hemos sido influenciados por el entorno en el que estamos expuestos.

Lamentablemente mucha gente convive alrededor de personas con las que quisiera deshacerse, incluso llegan a acostumbrarse de los malos tratos o malas influencias, que ya son parte de su vida y lo ven como algo normal.

No es tan difícil reconocer a quien deberías eliminar de tu circulo de relaciones, son las que te traen dolor, problemas, tristezas, decepciones, etc. Luego de reconocerlas deberías aprender a como alejarte o terminar con relaciones que son así, de hecho si reconoces a personas que te van a hacer daño en el momento de conocerlas, o sea lo más rápido posible, y sabes cómo terminarla inmediatamente te vas a ahorrar muchísimo créeme.

Debes aprender a alejarte de las personas como también tienes que saber cómo acercarte a las personas correctas o adecuadas, alguien que es tímido también puede aprender a hacerlo, si es consciente del poder que hay en las influencias que nos exponemos, va a valorar lo que realmente importa, se va a alejar de las personas dañinas y no tendría problemas de entablar relaciones con las personas adecuadas, incluso a modo de supervivencia lo podría ver.

Por eso es tan importante estar expuestos a referentes con los que estén en armonía con nuestros valores y creencias, la forma de ser de las personas con las que interactuamos por más tiempo se integran en nuestro de ser, aquí yace el valor de estar siempre cerca de aquellas personas que admiramos, que han logrado aquello que nosotros deseamos.

Para aprender a ser Maduros Emocionalmente, podemos juntarnos con personas que son así, su influencia a largo plazo puede integrarse en nosotros, con lo cual habríamos aprendido sobre lo que ellos saben de Madurez Emocional.

Esta vía puede acortarte el camino hacia el aprendizaje, te puede ahorrar muchísimo tiempo, siendo crítico con las personas a las que te expones y hacia lo que su influencia significa para tu vida en el corto, mediano y largo plazo.

Deberías ser feliz por las relaciones con las que mantienes mayor tiempo y no triste, esas relaciones pueden ser consideradas como tus mejores mentores de vida, porque con las amistades correctas puedes aprender muchísimo de la vida, te podría llevar hacia una nueva realidad, un nuevo plano, que no lo hubieras imaginado de ser realidad.

Encontrar y mantener relación con personas que han llegado a un nivel de Madurez Emocional alto, si te va a afectar para bien tu vida de algún modo a la larga lo puede cambiar todo, ya que con su ejemplo aprendemos de manera más contundente y a la vez nos hacemos amigos de grandes personas.

Así que debes estar en constante búsqueda de influencias Maduras Emocionalmente para poder vivir niveles más altos y satisfactorios en la vida, aprender y cambiar tu vida.

Una cosa más, en la vida va ha haber muchas con las que vas a experimentar, hay algunas personas que solo van a pasar por tu vida temporalmente, y aunque eso te duela, ya cumplieron con su labor en tu vida, cuando llegue ese momento simplemente los dejas ir, su participación contigo ha terminado, y créeme que si fuerzas en que esas relaciones duren más de lo que deberían se va a volver en algo doloroso para ti porque no se tenían que quedar mayor tiempo del que deberían, va a haber personas que solo tienen que quedarse un cierto tiempo contigo y eso está bien, por otra parte también va a haber personas que se van a quedar el resto de tu vida contigo, son esas relaciones permanentes en tu vida, aquellas a las que debes proteger y viceversa, no digo que te aferres a ellas, lo que quiero decir es que aprendas a diferenciar entre aquellas amistades o relación de pareja que son solo momentáneas con las que son permanentes.

Aprender eso para muchas personas puede ser un gran alivio, y se evitarían mucho dolor y sufrimiento si es que tienen la tendencia a apegarse a las personas, debes ser desapegado pero cuidando tu vida social, ya que como dijimos son una de las mayores influencias que tenemos y estas nos afectan incluso sin darnos cuenta o sea inconscientemente.

## Capítulo 19
### La experiencia en la vida

Nadie nace sabiendo, todos nos volvemos sabios a medida que ganamos experiencia en las adversidades, conociendo personas sabias, actuando y viviendo la vida,

Uno tiene la vida más fácil cuando lleva mucha experiencia aprendida y acumulada, se nota por su forma de ser, cuando alguien sabe de algo se nota cuando lo logra de manera sencilla pero para un principiante es algo quizá imposible.

La experiencia es haber salido de la zona de confort y luego nos sentimos cómodos con la incomodidad porque la hemos dominado y ya no hay miedo, hay tranquilidad a la hora de ejecutar.

La experiencia puede ser como una esfera que cada persona tiene en cada ámbito de su vida, esa esfera se va moldeando cada vez más cuando se tiene mucha experiencia y sabe más del asunto, si ha llegado a niveles gigantes de experiencia su esfera está muy contrastada incluso brillante sabe a la perfección como hay que actuar en dichos asuntos con tranquilidad y lo hace rápida y fácilmente.

Si alguien está comenzando a formar su esfera de experiencia esta por lo general va a estar con huecos he incompleta, porque no sabe sus propios límites hasta dónde puede llegar y que puede lograr o como lograrlos, cuando empiece a averiguarlo, su esfera de experiencia se va moldeando a su manera, se vuelve más sólida, y completa.

La idea de que la esfera de la experiencia este moldeada a la perfección quiere decir que de un ámbito en específico tiene una gran cantidad de errores vivido superados aprendidos, sabe cómo lograr lo que quiere del asunto, sabe cuánto esfuerzo debe pone, sabe en cuanto tiempo lo va a lograr y lo va a hacer con un autocontrol impecable, incluso ya es divertido hacerlo con pasión conoce sus límites y hasta donde realmente debería esforzarse para lograrlo, una esfera moldeada a la perfección significa la maestría de un ámbito, como por ejemplo el de cantar, Michael Jackson tenía su esfera moldeada como el acero su experiencia lo que sabe es irreemplazable he indestructible con ello ha logrado muchísimo en su vida, el no necesita referentes, él es el referente de los que quieren aprender de él, es la autoridad en su ámbito, y domina a la perfección lo que sabe su talento que es cantar, junto con bailar y otras habilidades que van de la mano.

Lo hace con facilidad porque dentro de sí tenía el camino ya hecho, solo debía llevarlo a la realidad.

Pero lo tenía el camino ya hecho porque en un principio lo construyo dentro de sí perfeccionando su esfera de experiencia con su talento que él tenía, solo debía sacar lo que tenía dentro al exterior convirtiendo lo que sabe en arte para los demás, el rey del pop era considerado una autoridad en este arte.

Y lo mismo con los demás artes de la vida.

Perfeccionar tu círculo de experiencia interior debería ser uno de tus enfoques primordiales, con respecto a tu vida, es algo que vas construyendo poco a poco pero en base a las cosas que son importantes para ti, es como trabajar en ti mismo, como es para ti es algo que una vez que lo consigues nadie te lo puede quitar porque es algo que está dentro de ti, te pertenece.

Es un trabajo que no termina pero que cada vez que avances vas a lograr nuevas cosas, deberás adaptarte, y el reto será seguir en constante avance, porque cuando logres una de tus metas el reto es trazar una nueva meta en base al anterior (aunque no necesariamente) y hacerlo más grande, que es tu nuevo reto, tu nueva meta.

Sabes que vas en el camino correcto cuando estas alineado con tus objetivos que están en base a tus prioridades a las cosas que son importantes para ti, las cuales son las que tú crees en ellas desde tu interior

## Capítulo 20

### Cómo es una persona que no tiene Madurez Emocional

Como seres humanos todos vivimos experiencias únicas nuestras diferencias entre unos y otros son nuestras vivencias, nuestros errores nuestras experiencias, nuestras percepciones, nuestros sueños, nuestras creencias, que en términos subjetivos somos diferentes unos de otros.

La manera en la que enfrentamos el día a día y la forma que logramos nuestros éxitos personales y grupales es a través de cierta madurez interior, que se obtiene con la experiencia y con el tiempo.

Una persona que carece de la Madurez Emocional para ser y hacer por lo general no puede manejar su vida de forma satisfactoria, ni puede obtener lo que desea y va en constante lucha consigo mismo por obtener aquello que desea ni ser lo que desearía ser.

Una persona no tiene Madurez Emocional si constantemente evita o reprime sus emociones, esto es autoengaño, y si no es capaz de aceptar lo que uno siente se está auto saboteando así mismo, en cualquier momento de la vida cuando uno tiene la necesidad de expresar sus emociones a un ser querido o hacer algo a favor de alguien más o a uno mismo y reprime sus emociones, no va a ser capaz de satisfacer su necesidad de expresar lo que es, esto obstruye el verdadero camino por el cual uno debe vivir y experimentar, entonces en realidad es egoísta la persona pero egoísta consigo misma, si alguien es así va a perder toda oportunidad de vivir grandes experiencias en la vida.

Otro punto importante es que la Madurez Emocional no tiene nada que ver reacciones impulsivas, explosivas o reactivas a las emociones, no vas a llegar muy lejos si en cada momento vas a reaccionar de forma impulsiva sin antes meditar los acontecimientos y detectar cual es la mejor forma de abordar la situación con control y calma, ser impulsivo va a hacer que pierdas oportunidades importantes ante otras personas en el ámbito social y laboral, va a hacer que te metas en problemas y mal entiendas las situaciones, va a hacer que pierdas amigos sin saber realmente el motivo de fondo, o va a hacer que tus relaciones amorosas no duren mucho

Alguien sin Madurez Emocional es una persona que carece de empatía hacia las emociones de los demás, es alguien egoísta que no puede ver el valor de tener empatía con otras personas,

Saber ser empático ayuda a crear lazos con otras personas, que se te retribuye cuando esas personas de ayudan de vuelta, trabajar por el bien común es algo de lo que trata la Madurez Emocional.

Además si te auto engañas con respecto a tus emociones o lo que sientes es otro síntoma de la falta de madurez, porque es una manera de rechazarse a sí mismo, a no tomarse en cuenta, esto afecta a la autoestima a la seguridad de uno mismo no siendo uno mismo su prioridad, puede verse también como una falta de respeto hacia sí mismo.

Depender de los demás para manejar tus emociones es otro síntoma de que falta madurez, la autonomía emocional se gana aprendiendo a valorarse amarse y respetarse, sabiendo lo que uno quiere y lo que no quiere de la vida, algunos pueden aprenderlo a través del dolor que los hace reaccionar porque se dan cuenta que no pueden depender de los demás realmente para expresar sus emociones, lo que es en realidad es una pérdida de tiempo.

Alguien que le falta Madurez Emocional no se cuida de sí misma, no tiene autocuidado, al contrario descuida su bienestar físico y emocional no tomándose en cuenta, no vela por su propio bienestar primero antes que el de los demás, primero es uno y luego se puede preocupar por sí mismo, uno no puede dar realmente lo que tiene, y si quiere proteger a sus seres queridos primeros debe protegerse a sí mismo y a cuidarse en todos los aspectos.

No estamos aquí por casualidad y tomarse el tiempo para reflexionar sobre el origen de nuestra situación nos revela hacia dónde nos dirigimos, por eso nuestros comportamientos pasados nos dicen como actuaremos en el presente y que situaciones viviremos en el futuro, indagar la causa de nuestros estados emocionales, de nuestros actos es esclarecedor para nosotros mismo, nos permite reflexionar en profundad quienes somos, quienes fuimos y quienes seremos más adelante, nuevamente, darse un tiempo para reflexionar sobre nuestras propias emociones, su origen y como afecta nuestro comportamiento nos hace seres más susceptibles para nosotros mismo y así generamos consciencia propia de lo que somos.

Culpar a los demás por nuestros propios actos es inmaduro de nuestra pate, aun mas si lo hacemos constantemente porque en realidad nos estamos perjudicando a nosotros mismos, la negación a la responsabilidad conlleva a la falta de Madurez Emocional que por supuesto afecta a nuestra vida personal, en un círculo infinito de culpas y no resolver el problema que debemos hacerlo nosotros mismo, hacerse responsable por los propios actos nos libera, nos da control, y libertad.

# Don't miss out!

Visit the website below and you can sign up to receive emails whenever Christian Peña publishes a new book. There's no charge and no obligation.

https://books2read.com/r/B-A-OZFAB-CEJVC

BOOKS 2 READ

Connecting independent readers to independent writers.